Stanislas de Guaita

La table d'Émeraude
ou
La lumière astrale

Ouvrez le Livre de Thoth au huitième feuillet ([1]). Thémis qui, trônant entre deux colonnes, tient ferme en sa droite le glaive et les balances dans sa main gauche, vous révélera l'arcane de l'universel équilibre.

Les deux plateaux qui se font contrepoids symboliseront pour vous :

1° — Dans le *monde divin*, les nuptiales harmonies de la Sagesse et de l'Intelligence ([2]) ;

2° — Dans le *monde psychique*, l'union salutaire et féconde de la Miséricorde et de la Justice ;

3° — Enfin, dans le *monde hylique* ([3]) ou *astral* (substratum du monde matériel), ces deux plateaux seront pour vous l'emblème des deux Puissances mâle et femelle génératrices du Cosmos, lui-même androgyne ; c'est à savoir d'*Hereb* et d'*Iônah* ([4]), principes des deux forces centripète et centrifuge, qui se manifestent : la première par le Temps, créateur et dévorateur des formes transitoires ; l'autre, par l'Étendue éthérée. L'Étendue est Rhéa, (épouse de cet implacable Kronos,

---

[1] Huitième clef du Tarot : la Justice.

[2] Le français n'étant pas une langue sacrée, la plupart des mots de cet idiome sont arbitrairement dévolus aux genres masculin ou féminin ; or le hasard et l'intuition vague ne peuvent toujours tomber juste. Il ne faut donc pas trop s'étonner qu'il soit question des noces de la Sagesse et de l'Intelligence, et plus bas, de l'union féconde de la Miséricorde et de la Justice. Ce sont là termes kabbalistiques. Or, dans la classification des ternaires séphirothiques polarisés, que nous visons en ce passage, *Hochmah*, (la Sagesse) est marquée du signe mâle et positif, comme aussi *Hesed* (la Miséricorde) ; — et ce, par opposition à *Binah* (l'Intelligence) et à *Geburah* (la Rigueur, la Justice), qui sont marquées du signe féminin et négatif. (Voir n'importe quel traité de Kabbale).

[3] Ésotériquement, *Hylé* veut pas dire matière brute, sens très restreint qui lui est vulgairement dévolu. — *Hylé* des philosophes grecs, et des rabbins initiés, signifie : substance en fermentation, matière subtile en travail. (Consulter Fabre d'Olivet, *La Lang. hébr. rest.*, II, 77 ; — Drach : *l'Harmonie entre l'Église et la Synagogue*, I. 564 — et *l'Hist. du Manichéisme* de Beausobre, II, 268).

[4] Pour rester fidèle à la terminologie des Kabbalistes zoharites (en suspendant la balance séphirothique dans le troisième monde au clou de *Yésod*, comme nous l'avons fait dans les deux premiers aux clous de *Kether* et de *Thiphereth*), il nous faudrait écrire *Hod* et *Netzach* au lieu d'*Hereb* et d'*Iônah*. Mais aux mots sacrés de la Kabbale, nous préférerons toujours, quand l'occasion se présentera d'en faire usage, les hiérogrammes originaux de Moïse, d'une précision ésotérique bien supérieure. Ne mettons jamais en oubli ce fait, que le Zohar, livre fondamental et sacré de la Kahbalah, n'est (si sublime soit-il et révélateur) qu'un humble commentaire du Pentateuque mosaïque, et principalement de la Genèse. Il est écrit d'ailleurs en dialecte de Jérusalem, c'est-à-dire en hébreu dégénéré.

dont le rôle est d'évertuer sans trêve la substance plastique qui est en elle, de l'élaborer et de la condenser en d'éphémères modes de matière diversement spécifiée, vivante et protéenne à l'infini).

Ce que de pareilles notions peuvent offrir d'étrange et d'énigmatique à l'esprit, sera tiré au clair par la suite.

Quant au glaive qui charge la main droite de Thémis, il symbolise la Puissance et ses moyens d'action, à tous les degrés et dans tous les Mondes. — Pour nous en tenir au plan astral, qui nous occupe ici, ce glaive est celui du collectif *Kéroubîm*, image de l'Éther instrumental et potentiel, qui détermine et maintient l'équilibre cosmique.

Ce mystérieux agent compte ses noms par centaines. — C'est, au dire des Kabbalistes, le *serpent fluidique d'Asiah*. — Les vieux platoniciens y voyaient l'âme physique du monde, qui tient enclose la semence de tous les êtres, et les Gnostiques Valentiniens le personnifiaient en Démiurge, «l'ouvrier inconscient des mondes d'en bas». — Au gré des hermétiques, c'est, suivant le point de vue, la *Quintessence des éléments*, l'*Azoth des Sages*, ou encore *le Feu Secret*, vivant et philosophal. — C'est, pour les magiciens, l'*Intermédiaire* des deux natures ; c'est le *Médiateur* convertible, indifférent au Bien comme au Mal, et qu'une volonté ferme peut plier à l'un comme à l'autre. — C'est le *Diable* enfin, si l'on veut ; c'est-à-dire la Force substantielle que les sorciers mettent en œuvre pour leurs maléfices.

Puissance inconsciente par elle-même, mais propre à réfléchir toutes les pensées ; Puissance impersonnelle, mais susceptible de revêtir toutes les personnalités ; Puissance envahissante et dominatrice, que l'adepte peut néanmoins pénétrer, contraindre et subjuguer, — et ce, dans une mesure plus stupéfiante encore que ne l'imaginait le populaire superstitieux au beau temps des Lancre et des Michaelis : c'est, en un mot, la LUMIÈRE ASTRALE, ou *Médiateur plastique universel*(5).

Ce chapitre fera connaître au Lecteur averti la nature déconcertante et les modes d'activité de cet agent effectif de l'équilibre de ce *mysticum robur* que les scélérats de la Goëtie ont personnifié monstrueux à leur propre image, avec les stigmates distinctifs de l'animalité, vers laquelle eux-mêmes régressent. Si bien que le poète Piron a pu, pour leur plus grande joie, crayonner, en huit vers drolatiques, le portrait du Diable d'enfer, — sans le flatter, il est vrai ; mais sans qu'il ait droit aussi de récuser la ressemblance :

---

5 Voir *Au seuil du Mystère* (Réédit. arbredor.com, 2005).

Il a la peau d'un rôt qui brûle,
Le front cornu,
Le nez fait comme une virgule,
Le pied crochu,
Le fuseau dont filoit Hercule
Noir et tordu,
Et, pour comble de ridicule,
La queue au cu.

C'est un axiome, en Magie, que tout verbe crée ce qu'il affirme. Or donc, à force d'évoquer le discourtois personnage, les imbéciles ou les coquins qui *l'imaginaient* sous cet aspect traditionnel, mais peu hiératique [6], type fixé depuis des siècles par le consensus de leurs semblables, — ont, petit à petit, *réalisé* leur rêve en astral.

Ajoutons que chaque fois qu'un nouveau goëtien fait appel à la hideuse Image, l'évoquant avec toute l'énergie créatrice de la foi et le cri des mauvaises passions à leur paroxysme ; non seulement l'Image lui apparaît, mais encore il ajoute à l'esquisse fluidique un nouveau trait de vigueur et précise l'existence du monstre, en le nourrissant de sa propre substance hyperphysique.

Ceci n'est point un paradoxe, comme on le pourrait croire ; c'est une vérité qui sera mieux sentie plus loin, quand nous aurons fait connaître la nature équivoque, inqualifiable, de certains spectres sans consistance ontologique, sortes de compromis entre le néant qu'ils manifestent et l'être qu'ils blasphèment. L'occultisme les nomme des Larves.

Mais trêve d'anticipations d'un pareil genre. Nous n'avons point affaire, pour l'heure, au Satan fantastique et burlesque, ambigu, malingre et falot, vain reflet imprimé par les imaginations malades sur le miroir psychique de notre planète. Fi du simulacre blême qui se rétracte devant un souffle d'air, se dissout au moindre effort de la volonté humaine, et qu'un éclair d'intelligence foudroie !… Non, ce croquemitaine n'est qu'une Larve, entre combien d'autres [7] ! Le démon positif et formidable nous réclame, celui-là qui sert d'enveloppe à *Nahàsh* et de *substratum* à la matière ; l'universel Atlas qui soutient les mondes en équilibre ; le dispensateur de la vie et de la mort physiques ; le Démiurge aux mille noms,

---

[6] Tout au moins, d'un hiératisme singulièrement dépravé.
[7] Une Larve, dans l'acception la plus large de ce mot. A proprement parler, le Diable est une Image astrale vitalisée.

dont quelques-uns nous sont déjà connus : c'est le Feu panthomorphe ; c'est l'âme plastique et imaginative du monde ; c'est *le dragon de l'Astral*.

Le dragon de l'Astral est le symbole absolu de la lumière du même nom, envisagée dans son double mouvement cosmique et dans la synthèse de ses opérations.

Or, si nous avons laissé pressentir jusqu'ici la nature et le rôle de ce grand agent, ce que nous en avons dit ne doit guère s'éclairer d'un jour précis et satisfaisant qu'en faveur des fidèles de nos précédents ouvrages, ou des chercheurs déjà sur la voie, ou des érudits en mysticisme.

Pour entrer au cœur du sujet, abordons d'emblée *la Table d'émeraude*, cette page révélatrice que le monde antique nous a léguée. — L'équilibre universel et son agent y sont magistralement décrits.

Ne déchiffre pas qui veut ce vieux texte des Mystères égyptiens. Très propre à dérouter les profanes, son laconisme étrange et premier ravit le chercheur studieux des causes, en proposant à sa persévérante sagacité plus de sens profonds que de vocables. Il les découvre tour à tour. Ainsi les successives énigmes se dépouillent de leur dernier voile, comme les déesses rivales de beauté, devant le royal pasteur du mont Ida.

En interprétant dans son entier l'inscription de *la Table d'Émeraude*, nous tenons simplement parole. Mais ici, traduire ne suffirait point il importe de commenter. On trouvera, dans le texte même, tels mots d'éclaircissement, — intercalés entre parenthèses, comme il sied aux fins de prévenir toute confusion. Puis, à la suite du texte, quelques développements plus étendus permettront au Lecteur d'en mieux scruter l'ésotérisme médullaire.

LA TABLE D'ÉMERAUDE
PAROLES DES ARCANES D'HERMÈS ([8])

IL EST VRAI (*en principe*), IL EST CERTAIN (*en théorie*), IL EST RÉEL (*en fait, en application*) ([9]) : QUE CE QUI EST EN BAS (*le monde physique et matériel*) EST COMME CE QUI EST EN HAUT (*analogue et proportionnel au monde spirituel et intelligible*) ET CE QUI EST EN HAUT COMME CE QUI EST EN BAS (*réciprocité complémentaire*) : POUR L'ACCOMPLISSEMENT DES MERVEILLES DE LA CHOSE UNIQUE (*loi suprême en vertu de quoi se parfont les harmonies de la Création, omniverselle* ([10]) *en son unité*).

ET DE MÊME QUE TOUTES CHOSES SE SONT FAITES (*accomplies, réalisées*) D'UN SEUL (*en vertu d'un seul principe*), PAR LA MÉDIATION D'UN SEUL (*par le ministère d'un seul agent*) : AINSI, TOUTES CHOSES SONT NÉES DE CETTE MÊME UNIQUE CHOSE, PAR ADAPTATION (*ou par une sorte de copulation*) ([11]).

---

[8] Verba secretorum Hermetis. — «Verum sine mendacio, certum et verissimum quod est inferius est sicut quod est superius ; et quod est superius est sicut quod est inferius, ad perpetranda miracula rei unius.

«Et sicut omnes res fuerunt ab uno, mediatione unius, sic omnes res natae fuerunt ab hac una re, adaptatione.»

«Pater ejus est Sol, mater ejus Luna ; portavit illud Ventus in ventre suo ; nutrix ejus Terra est.

«Pater omnis Telesmi totius mundi est hic.

«Vis ejus integra est, si versa fuerit in terram.

«Separabis terram ab igne, subtile a spisso, suaviter, cum magno ingenio.

«Ascendit a terra, in cœlum, iterumque descendit in terram, et recipit vim superiorum et inferiorum.

«Sic habebis gloriam totius mundi. Ideo fugiet a te omnis obscuritas.

«Hic est totius fortitudinis fortitudo fortis quia vincet omnem rem subtilem, omnemque solidam penetrabit.

«Sic mundus creatus est. Hinc erunt adaptationes mirabiles, quarum modus est hic.

«Itaque vocatus sum Hermès Trismegistus, habens tres partes philosophiae totius mundi.

«Completum est quod dixi de operatione Solis.»

(Version latine de Khunrath).

[9] Textuellement : «Il est vrai sans mensonge, certain et très véritable». — Cette triple affirmation correspond évidemment aux trois mondes de la magie.

[10] Néologisme assez heureux, nous semble-t-il, créé par un mystique de nos jours, Louis Michel de Figannières.

[11] «Per conjunctionem», variante de la version Glauber (*Miraculum Mundi, de Mercurio philosophorum*, Amstel., 1653, in-8, p. 74).

LE SOLEIL (*condensateur de l'irradiation positive ou de la Lumière au rouge, Aôd, Od*) EST SON PÈRE (*élément producteur actif de cet agent*, [*ce qui n'est vrai qu'à notre point de vue terrestre*]) ; LA LUNE (*miroir de la réverbération négative ou de la Lumière au bleu, Aôb, Ob*) EST SA MÈRE (*élément producteur passif* [*même remarque*]) ; LE VENT (*atmosphère éthérique ambulatoire*) L'A PORTÉ DANS SON VENTRE (*lui a servi — ou lui sert — de véhicule*). LA TERRE (*envisagée comme type des centres de condensation matérielle*) EST SA NOURRICE (*l'athanor de son élaboration*).

C'EST LÀ LE PÈRE (*élément producteur*) DE L'UNIVERSEL TELESME ([12]) (*perfection, but final à atteindre*) DU MONDE ENTIER (*de l'Univers vivant*).

SA PUISSANCE (*force d'extériorisation créatrice, le fleuve Phishôn de Moïse*) EST ENTIÈRE (*parfaite, accomplie ; intégralement déployée, jusqu'au total épanouissement*) QUAND ELLE S'EST MÉTAMORPHOSÉE (*mot à mot : quand elle s'est tournée*) ([13]) EN TERRE (*Aretz de Moïse, substance condensée et spécifiée ; forme ultime de l'extériorisation créatrice, matière sensible*).

TU SÉPARERAS LA TERRE (*ici, dans un sens plus général, la Terre signifie ce qui appartient au monde matériel et tangible, au monde des effigies*) DU FEU (*Principe d'action ; ce qui appartient aux mondes moral et intelligible*) ; — LE SUBTIL DE L'ÉPAIS (*sens analogue*) ([14]) AVEC DÉLICATESSE ET UNE EXTRÊME PRUDENCE.

IL (*le fluide pur, universel, médiateur, et — d'après tels gnostiques — Corps du Saint-Esprit*) MONTE DE LA TERRE AU CIEL (*courant hémicyclique de retour* ([15]), *ascendant ; reflux de Synthèse*) ET DERECHEF (*par un mouvement à la fois alternatif et simultané*), IL DESCEND DU CIEL EN TERRE (*courant hémicyclique d'émission, descendant ; influx d'analyse*), ET IL REÇOIT (*il se charge, il s'imprègne tour à tour de*) LA FORCE (*les vertus, les propriétés, les influences*) DES CHOSES D'EN HAUT ET

---

[12] Autre version *Thèléma*, volonté. Cette version admise, faudrait restreindre l'acception symbolique du mot père au sens d'élément de manifestation.

[13] « *Si versa fuerit* » (version Khunrath) — *Si mutetur* (version R. Glauber).

[14] C'est-à-dire, envisagés du même point de vue, comme antithèse du spirituel au sensible. Mais nous ne pensons pas que ces mots, *subtile a spisso*, forment pléonasme avec le membre de phrase précédent ; on pourrait préciser nombre de significations différentes, toutes rigoureusement exactes. A l'égard des opérations du grand œuvre, par exemple, le subtil et l'épais signifieront le volatil et le fixe. Cette *Table d'Émeraude* recèle plus de sens que de mots.

[15] Hermès parle du retour, avant de parler de l'émission ; par là il veut faire entendre qu'il s'agit d'un double mouvement incessant.

D'EN BAS (*des mondes physique ou matériel et hyperphysique, ou astral ; et encore, à un autre point de vue, des sphères sensible et intelligible*).

AINSI (*c'est par ces principes que*) TU AURAS (*tu acquerras, tu t'approprieras*) LA GLOIRE (*la souveraineté, l'empire*) DE L'UNIVERS ENTIER ; PAR LA, TOUTE OBSCURITÉ (*toute impuissance, toute indécision, toute erreur. L'hiérogramme mosaïque Hoshek exprime ésotériquement toutes les idées négatives, symbolisées par le cône d'ombre de la terre*) S'ENFUIRA DE TOI.

LA RÉSIDE LA FORCE FORTE DE TOUTE FORCE (*le principe mutuel d'activité ; le potentiel de toute manifestation, le support de toute action, la base immanente de tout ordre phénoménal*) QUI VAINCRA (*s'emparera de, coagulera, fixera*) TOUTE CHOSE SUBTILE (*volatile, fuyante, insaisissable, — fluidique*) ET PÉNÉTRERA (*s'immiscera dans, décomposera, — dissoudra*) TOUTE CHOSE SOLIDE (*cohésive, dense et permanente, — concrète*).

AINSI (*par cet agent, ou encore, — par cette voie*), L'UNIVERS A ÉTÉ CRÉÉ (*réduit de principe en essence, d'essence en puissance sementielle, de puissance en acte ; en un mot, — réalisé*).

DE LA PROVIENDRONT (*là trouveront leur origine, leur principe*) DES ADAPTATIONS (*des applications, ou des productions*) MERVEILLEUSES, DONT LE MODE (*la manière d'être, le type de formation*) EST ICI (*indiqué, révélé, exposé*).

C'EST POURQUOI JE FUS APPELÉ HERMÈS (HPMHS, *Mercure, mythe complexe ; au cas présent, emblème de la Mathèse, science intégrale vivante, dont le caducée de Mercure symbolise le double courant : intuitif-synthétique et analytique-expérimental*) LE TRISMÉGISTE (*trois fois très grand ou le plus grand*), POSSÉDANT (*pour avoir acquis*) LES TROIS PARTIES DE LA PHILOSOPHIE (*la totale connaissance des trois mondes divin ou intelligible, psychique ou passionnel, naturel ou sensible*) ([16]) DE L'UNIVERS TOUT ENTIER.

CE QUE J'AI DIT (*mon enseignement, mon verbe*) EST COMPLET (*consommé, intégralement proféré*) SUR LE MAGISTÈRE ([17]) (*ou l'opération, le Grand Œuvre*) DU SO-

---

[16] Le monde astral peut être rattaché, soit au monde psychique, soit au monde sensible (Voy. *Au seuil du Mystère*, réédition arbredor.com, 2005).

[17] « *De magisterio Solis* » (version Glauber).

LEIL (*mille significations : le Magistère du Soleil peut désigner tout travail conduit à sa perfection ; l'on peut y voir la Genèse intellectuelle ; la source et le rôle des courants fluidiques universels ; l'évolution de l'Aôr androgyne ou Lumière engendreuse ; enfin le Magistère des alchimistes, à proprement parler, dont le secret, disent-ils, se trouve à découvert dans ce texte de la Table smaragdine*).

Nous ne chicanerons point sur l'authenticité, l'attribution et la date de l'un des monuments les plus magistralement initiatiques que nous ait transmis l'antiquité grécoégyptienne.

Les uns s'obstinent à n'y voir que l'œuvre amphigourique d'un rêveur alexandrin, d'autres taxent même ce document d'apocryphe du vᵉ siècle. Quelques-uns le veulent de quatre mille ans plus ancien…

Que nous importe? Découverte ou non par Alexandre le Grand dans la sépulture d'Hermès, gravée ou non sur une tablette d'émeraude, il est certain que cette page résume les traditions de l'antique Égypte. Or l'Égypte a été, de nombreux siècles durant, la dernière citadelle de l'Ésotérisme intégral : ses sphinx ont été les gardiens du trésor légué aux temps futurs par plusieurs cycles de civilisations, tellement lointaines et refoulées dans la nuit préhistorique des temps, que ces foyers aveuglants de lumière intellectuelle ne dégagent plus une lueur qui les dénonce à nos archéologues.

Les quelques mots explicatifs d'analyse, intercalés dans notre version, exigent un commentaire général et synthétique. Nous pourrions dire que ce commentaire doit s'étendre à tout le présent volume, puisque la Table d'Émeraude va servir de point de départ à nos développements sur les merveilles de l'Astral.

Mais nous tâcherons d'être, dès l'abord, aussi explicite qu'il se pourra.

L'initiateur, —quel qu'il soit, il mérite bien ce nom,— promulgue en premier lieu la grande loi d'analogie hermétique : elle domine sur tous les mondes, et met l'intelligence armée du compas de la logique à même de formuler des inductions, en procédant du connu à l'inconnu, du sensible à l'intelligible et du particulier à l'universel.

Nous offrir ce fil d'Ariane, voilà le premier souci de l'Hermès hiérographe.

Puis il passe à la description du Lien qui rattache ces extrêmes; du grand Médiateur des êtres et des choses, ce Père de l'universel *Télesme*, dont il est question jusqu'au bout. Voici l'agent essentiel de l'art royal, et le Trismégiste prend soin de nous prévenir qu'en décrivant sa nature, il nous fournit la clef mystique du Grand Œuvre et nous enseigne le *magistère du Soleil*.

Le Grand Œuvre se peut concevoir à divers points de vue; il se peut réaliser sur divers plans. Mais il reste toujours *la Chrysopée*, ou l'art de tirer le pur de l'impur et l'or des viles scories.

L'Alchimiste cherche l'or métallique ou terrestre.

L'Adepte de la Maîtrise vitale cherche la Médecin universelle, ou l'or physio-logique.

Le Magicien cherche l'or thaumaturgique ou la Puissance.

Le Mystique cherche l'or moral ou la Sainteté.

Le Théosophe enfin cherche l'or spirituel, l'identification de l'intelligence humaine et de l'essence divine : en un mot, il cherche la Vérité absolue, la Science.

Tous veulent acquérir *la Lumière* sous ses différents aspects. Car l'or physique n'est, au dire des Spagyristes que lumière condensée ; — la médecine universelle réside en une quintessence vitale de l'or ; — la puissance magique reste acquise à qui saura diriger la Lumière astrale ou l'or hyperphysique ; — la communion des saints reçoit dans son giron quiconque a transmué sa substance animique en or moral ; — et la Vérité-lumière des théosophes n'est autre que l'or spirituel et divin.

Mais nous traiterons principalement ici de l'or hyperphysique : c'est lui que l'auteur de la *Table d'Émeraude* désigne comme engendrant le Télesme (ou la perfection des choses corporelles). Il est d'ailleurs le moyen terme de tous les autres ors.

Un dans son principe, androgyne (c'est-à-dire double et triple) dans sa nature, quadruple dans ses modalités manifestatives (les quatre éléments occultes), — cet être protéen se révèle multiple à l'infini dans ses ultimes réalisations. Car il constitue la substance cosmique non différenciée, dont la matière polymorphe présente à nos sens les spécifications éphémères.

C'est lui l'universel Médiateur ; l'Éther instrumental, convertible, omnila-tent ; le Serviteur de toutes les Puissances, bonnes ou mauvaises ; la Splendeur équivoque des Cieux, apte à revêtir alternativement dune apparence plastique et à draper dans son manteau d'étoffe sidérale le dragon *Nahash* ou l'ineffable *Roûach Hakkadôsch* [18].

---

[18] Peut-être sera-t-on surpris de nous voir recourir de préférence au vocabulaire hébreu, en des commentaires qu'a motivés un monument d'origine égyptienne. Nous permettra-t-on de rappeler que la langue hébraïque pure, telle que l'a mise en œuvre l'auteur du Berœschith, n'est autre précisément que l'idiome le plus occulte des sanctuaires de Mitzraîm ? C'est ce que Fabre d'Olivet a victorieusement établi. Moïse, prêtre d'Osiris, a tracé son livre des Cinquante Chapitres en hiérogrammes (du troisième degré), intelligibles seulement, dans leur ésotérisme, aux adeptes memphites du plus haut grade. Ce livre, vulgairement la Genèse paraît le seul qu'on ait transcrit au temps d'Esdras, sans en altérer l'esprit, ni même la lettre. La doctrine secrète de Moïse constitue ce que nous appelons la *Kabbale primitive*, laquelle s'est matérialisée parallèlement à la langue

Sous l'empire et l'influx des Principes d'En Haut, cet agent remplit l'espace des *Shamaîm* d'une irradiation céleste et bienfaisante : on peut alors le considérer comme la lumière mystique où s'incorpore le Saint-Esprit. — Mais abandonné à lui-même, ou lorsqu'une Volonté perverse s'empare de sa direction, il devient fatal et démoniaque : c'est le corps même de Satan.

Avec Paracelse, Éliphas Lévi, Keleph-ben-Nathan, Martinès et toute l'école ésotérique d'Occident, nous l'appellerons de préférence *lumière astrale*.

La lumière astrale constitue le support hyperphysique de l'Univers sensible ; le virtuel indéfini dont les êtres corporels sont, sur le plan inférieur, les manifestations objectives.

Qu'on ait qualifié d'âme cosmique cette lumière secrète qui baigne tous les mondes, il n'y a rien là pour nous surprendre. L'on a pu légitimement encore l'appeler sperme expansif de la vie et réceptacle aimanté de la mort puisque tout est né de cette lumière (par matérialisation ou passage de puissance en acte), et que tout s'y doit réintégrer (par le mouvement inverse, ou le retour de l'objectif concret au subjectif potentiel).

Comme l'électricité, la chaleur, la clarté, le son, etc., (ses divers modes d'activité fluidique), elle est à la fois *substance* et *force*.

Ceux qui ne voient en elle que le mouvement tombent dans une grave erreur : comment imaginer un mouvement effectif, à défaut de quelque chose qui soit mû ? Le néant ne vibre pas. Concevoir une agitation quelconque ou toute autre qualité dans le vide absolu, c'est manifestement absurde. — Et réduire la lumière astrale à l'abstrait du mouvement, c'est en faire un être de raison, ce qui revient à nier son existence, même latente.

L'on est donc obligé de la définir : une substance qui manifeste une force ; ou, si l'on préfère, une force qui met en œuvre une substance : les deux inséparables.

En tant que substance, nous l'avons dit, il faut envisager la lumière astrale comme le substratum de toute matière ; le potentiel de toute réalisation physique ; l'homogénéité, racine de toute différenciation. — C'est l'expression temporelle d'*Adamah* — cet élément primordial d'où, selon Moïse, l'universel Adam a tiré son être : ou, pour emprunter le langage de l'exotérisme, cette terre dont le Très-Haut façonna le premier ancêtre humain.

---

même du sanctuaire. L'enseignement de Shiméon-ben-Iockaï est à celui de Moïse, ce que le dialecte syro-chaldaïque, qui se parlait à Jérusalem sous les Césars, est à l'hébreu primitif de Moïse. Nous n'avons recours à la Kabbale Zoharite (ou du moins ne fait-elle autorité pour nous) que subsidiairement, à défaut de l'ésotérisme plus pur et plus profond des livres mosaïques, dont le Zohar n'est qu'un tardif commentaire.

En tant que force, l'Astral nous apparaîtra comme évertué par l'influx et le reflux de cette vivante essence que nous avons nommée, à l'instar de Moïse, *Nephesch-ha-chaïah*, le souffle de vie.

Pour motiver ce flux et ce reflux de l'âme vivante, il suffit de la peindre tiraillée, pour ainsi dire, entre deux aimants : en haut, *Roûach Elohîm*, souffle vivificateur de la substance collective, homogène, édénale ; en bas, *Nahàsh*, agent suscitateur des existences individuelles, particulières, matérialisées. C'est le principe de la divisibilité en face du principe de l'intégration ; c'est le morcellement des Moi naissants ou à naître, qui s'oppose à l'unité du Soi éternel.

De cette opposition résulte un double dynamisme de forces hostiles, qu'il convient d'étudier l'une et l'autre dans leur nature propre et dans la loi de leur mutuel mécanisme. Puis, revenant à *Nahàsh* (le dragon de l'Astral), nous surprendrons plus aisément le mystère du fluide lumineux de même nom, avec le contraste de ses courants opposés et son point central d'équilibre.

La lumière astrale est, somme toute, la substance universelle animée, mue en deux sens inverses et complémentaires, par l'effet d'une polarité double, du pôle intégration au pôle dissolution, et vice versa.

Elle subit en effet deux actions contraires : la puissance d'expansion féconde, la lumineuse *Iônah*, effective des générations et dispensatrice de la vie, d'une part ; — et de l'autre, la puissance de constriction destructive des formes, le ténébreux *Hereb*, agent principal de la mort, et par là de la réintégration (retour des individus à la collectivité ; de la matière différenciée et transitoire, à la substance une, permanente et non différenciée) ([19]).

Ces deux hiérogrammes, *Hereb* et *Iônah*, que nous empruntons à Moïse, reviennent à plusieurs fois dans le texte hébreu de la Genèse, et notamment au VIIIe chapitre, qui traite du déluge (v. 6 à 12).

Tous les traducteurs officiels rendent *Hereb* et *Iônah* par *corbeau* et *colombe* : sens que ces deux vocables peuvent en effet revêtir, dans l'acception la plus circonscrite et matérialisée dont ils soient susceptibles.

Nous résumerons pour mémoire le récit qu'on prête à Moïse.

Le déluge a fait son œuvre, et les eaux se desséchant petit à petit, le sommet des montagnes commence à paraître. Noé laisse quarante jours s'écouler, puis il ouvre la fenêtre de l'arche, et donne l'essor à un corbeau (*Hereb*), qui s'envole pour ne plus revenir ([20]). Sept jours après, Noé met en liberté une colombe (*Iônah*) ; mais celle-ci revient, n'ayant point trouvé où prendre pied ([21]), et Noé la réintègre dans l'arche. Une semaine s'écoule encore ; il lâche à nouveau la colombe qui lui revient le soir du même jour, mais portant en son bec un rameau d'olivier… Enfin, après sept nouveaux jours d'attente, Noé l'ayant laissée partir pour la troisième fois, la colombe ne reparaît plus.

Telle est, du moins en substance, la version communément accréditée.

Mais il suffit de recourir à la traduction littérale de Fabre d'Olivet, soutenue de notes étymologiques décisives, pour entrevoir, sous les puérils emblèmes de la Vulgate et des autres versions reçues, toute la portée ésotérique et grandiose d'un texte aussi pitoyablement travesti. Sans entreprendre un commentaire général qui serait un hors-d'œuvre en ce chapitre, et d'ailleurs nécessiterait à lui seul un chapitre de développements, précisons, avec le précieux appui du restaurateur de la langue hébraïque, le vrai sens attribuable aux deux hiérogrammes en litige.

«Il est bien vrai, dit Fabre d'Olivet, que le mot hébreu *Iônah* signifie une *colombe* ; mais c'est de la même manière que le mot *Hereb* signifie un *corbeau* : c'est-à-dire que les noms de ces deux oiseaux leur ont été donnés, dans un sens

---

[19] La force d'expansion, en agissant sur l'*Aôr*, engendre le courant de la lumière positive, *Aôd* ; et la force de constriction, celui de la lumière négative, *Aôb*.

[20] Les Septante traduisent ainsi ; mais S. Jérôme est plus exact : le corbeau, dit-il, sortait et rentrait alternativement (*egrediebatur et revertebatur*).

[21] Même au sommet des montagnes, qui émergeaient déjà 47 jours auparavant ? Telle est la logique du sens admis des théologiens.

restreint, par une suite des analogies morales et physiques qu'on a cru remarquer dans la signification primitive attachée aux mots *Iônah* et *Hereb*, et les qualités apparentes du corbeau et de la colombe. La noirceur de l'*Erèbe*, sa tristesse, l'avidité avec laquelle on croyait qu'il dévorait les êtres qui tombaient dans son sein, pouvaient-elles être mieux caractérisées que par un oiseau ténébreux et vorace tel que le corbeau? — La blancheur de la colombe, au contraire, sa douceur, son inclination à l'amour ne semblaient-elles pas inviter à la choisir pour être l'emblème de la faculté génératrice, de la force plastique de la Nature?... La colombe fut le symbole de Sémiramis, de Derceto, de Mylitta, d'Aphrodite, de Vénus, de tous les personnages allégoriques auxquels les anciens attribuaient la faculté génératrice représentée par cet oiseau...

» Il est évident que le nom de l'Ionie, le nom de cette contrée fameuse, que l'Asie et l'Europe réclament également, découle de la même source que le mot qui nous occupe [22]... »

On le voit, l'antithèse est rigoureuse entre *Hereb* et *Iônah*. Celle-ci désigne en effet la faculté d'expansion, génératrice des êtres corporels; celui-là exprime la force de compression destructive, qui pousse tout ce qui vit vers la décrépitude et la mort, puis dissout et engloutit la dépouille de ce qui a vécu [23]. *Hereb* exprime aussi le champ d'action où domine par l'univers cette force corrosive.

---

[22] *Langue hébr. rest.*, tome II, pages 231-232, passim.

[23] Cette antinomie des deux Agents prêterait à une foule de parallèles fort étranges, et d'intérêt majeur pour ceux dont l'œil s'exerce à sonder certains mystérieux abîmes de la Nature et de la Vie. Ainsi, nous pouvons dédier aux étymologistes le contraste que voici d'une part, la racine sur laquelle s'élève l'*Iônah* mosaïque (cette faculté génératrice dont la colombe est l'emblème), —la racine ιÔN se retrouve intacte aux Indes dans le vocable *Yôni*, par quoi les Brahmes désignent l'organe sexuel de la femme; — d'autre part, la racine constitutive d'*Hereb* se retrouve à peine altérée dans *Herwah*, (au pluriel *Herwath*), le mot dont se sert Moïse (*Berœshith*, IX, 22) pour désigner cet objet de scandale, que Noé, dans son ivresse, avait laissé découvert, à la joie sacrilège de Cham, et que saint Jérôme qualifie sans ambages de « *verenda nudata* ». Remarquons encore que les Sémites, — arabes et hébreux, *Harbi* et *Hebri* — ces âpres adorateurs du Dieu mâle, unique, portent un nom notoirement formé d'*Hereb*, (le nom du Maroc, Maghreb, en dérive aussi); — tandis qu'*Iônah* semble avoir nommé cette molle Ionie, le type des contrées où l'on adorait la Nature féminine et plastique, sous ses innombrables et éblouissantes incarnations. Les curieux se demanderont enfin, par quel chassé-croisé d'influences, *le mâle Hereb* gouverne le courant de la lumière négative et sélénique, *Aôb*; — cependant que la féminine *Iônah* domine sur le courant de la lumière positive et solaire, Aôd. Observons à cet égard, que la plupart de ces attributions sont, non point arbitraires, mais relatives. — Absolument parlant, il n'y a qu'un Principe mâle, qui est Dieu; qu'un Principe féminin, qui est la Nature. — Dans le monde subjectif, il n'y a qu'un Principe mâle, qui est l'Esprit universel, et qu'un Principe féminin, qui

C'est plus particulièrement dans cette dernière acception que l'ont connu les Grecs, héritiers de la Cosmogonie d'Orphée. Ce théocrate, contemporain de Moïse, avait puisé aux mêmes sanctuaires que lui la notion de son *Erèbe*, le gouffre d'Hécate ou de la Lune infernale, le champ de Proserpine, le séjour des ombres, enfin...

L'*Hereb* mosaïque, que l'on pourrait rattacher à *Kaïn* (principe du Temps), pactise en tous lieux avec l'obscurité, *Hosheck*; — l'*Iônah*, qui déploie son énergie dans le royaume d'*Abel* (principe de l'Espace éthéré), montre partout l'affinité la plus intime avec l'élément lumineux, *Aôr*.

L'une est la colombe de la lumière et de la vie; l'autre, le corbeau des ténèbres et de la mort [24].

La douce colombe fait l'amour et bat des ailes partout où s'irradie la clarté sidérale à travers l'espace; mais où l'obscurité domine, c'est le fief de l'âpre corbeau carnassier.

Disons, pour préciser le point de vue spécial à notre planète, que le soleil darde l'influence d'*Iônah* sur l'hémisphère qu'il baigne de ses rayons, — et que l'influence d'*Hereb*, liée aux phases de croissance et de déclin lunaires, se localise dans le cône d'ombre que la terre traîne à sa suite, en gravitant par les cieux. Nous reviendrons en détail sur cette organisation physique et hyperphysique du système planétaire, — à laquelle sont subordonnés le voyage cosmique des âmes et toute la biologie de notre monde, non moins que l'existence positive et la localisation strictement déterminable (les séjours d'épreuve et de félicité posthumes, connus ou soupçonnés sous les noms de paradis, de purgatoire et d'enfer (voy. *La Mort et ses Arcanes*).

---

est l'Âme vivante dans le monde objectif, enfin, qu'un Principe mâle, qui est la Force, et qu'un Principe féminin, qui est la Matière. — Mais, sur ces divers plans, il est loisible de qualifier de masculines ou de féminines, les diverses modifications, facultés, énergies, etc., qui ressortissent à l'un ou à l'autre de ces Principes; ainsi avons-nous qualifié *Iônah* de féminine, parce qu'elle appartient plutôt à la Nature et à la substance plastique; et *Hereb* de masculin, parce qu'il constitue une Force, et que, par son office de compacter la substance, il devient en quelque sorte le véhicule de la Forme, laquelle relève de l'Esprit. Qu'il nous suffise d'avoir attiré l'attention sur ces singularités occultes, dont la raison d'être, si elle était connue, pourrait conduire assez loin...

24 Le même symbolisme préside à la terminologie des philosophes hermétiques. Ils nomment *Tête de* CORBEAU la stase de dissolution, quand la matière, réduite en noir, semble toute décomposée et perdue (c'est le *Nigrum nigro nigrius*); — et COLOMBES *de Diane*, la stase de régénération de ladite matière, l'ablution du fixe par les larmes du volatil, quand la couleur blanche va paraître. Les colombes annoncent et préparent le régime de Diane: alors naît *la terre blanche feuillée* (ou germe la semence de l'Or vif).

Ainsi, la substance universelle est réceptive d'une influence géminée : *Iônah* la rend fertile, plastique et configurative ; *Hereb* lui communique une force compressive et dévorante.

D'où, deux propriétés contraires dans la lumière astrale : l'une qui tend à volatiliser le fixe, l'autre qui tend à fixer le volatil.

Dissoudre ici, pour concréter là [25]... L'électricité nous offre, dans ses adaptations à l'art galvanoplastique, une image sensible de cette double propriété : tandis que le métal se corrode, au pôle positif de l'appareil, les particules qui s'en détachent vont, charriées par le courant, s'accumuler, se répartir et se fixer à la surface du moule ou de l'objet quelconque suspendu à l'électrode négative.

Cependant, par un mystère admirable — qui contribue à confirmer la grande loi de l'harmonie par l'antagonisme des contraires [26], — la lutte même des deux principes devient féconde. Tous deux concourent, nous l'allons voir, en dépit de leur hostilité apparente, à la génération, à la croissance, à la succession des formes corporelles.

Hereb, agent centripète, se manifeste, avons-nous dit, au cours du temps, — et *Iônah*, agent centrifuge, se déploie à travers l'espace. Or le temps et l'espace ne sont-ils pas les conditions essentielles de toute existence physique ?

« Ces deux actions, dit Fabre d'Olivet, selon la forme desquelles tout existe dans la nature, issues de la même source, sont ennemies dès leur naissance. Elles agissent incessamment l'une sur l'autre, et cherchent à se dominer réciproquement, et à se réduire à leur propre nature. L'action compressive, plus énergique que l'action expansive, la domine toujours dans l'origine, et l'accablant pour ainsi dire, compacte la substance universelle sur laquelle elle agit, et donne l'existence aux formes matérielles qui n'étaient pas auparavant [27]. »

Ce qui est vrai pour la condensation des nébuleuses, l'est aussi pour toute formation corporelle.

La force cœrcitive, subjuguant sa complémentaire, condense la substance originelle, selon tel type générique, dans la sphère d'action de tel règne.

Si nous examinons les règnes végétal et animal (où les individus, mieux définis, naissent, croissent, déclinent et meurent en des conditions cycliques plus ac-

---

[25] *Solve, Coagula*... C'est l'Inscription double qui se lit sur les deux bras du Grand Androgyne d'Henry Khunrath, magnifique pentacle que nous avons reproduit et commenté, *au Seuil du Mystère*.

[26] Voir Éliphas Lévi, qui énonce et démontre cette loi (*Dogme et Rituel*, passim).

[27] *Caïn*, Lettre à Lord Byron, page 31.

cessibles à notre observation si bornée), la victoire première de la force compressive se manifestera évidente dans l'exemple de la semence, qui tient prisonnière en un si petit espace, et, pour ainsi dire, à haute tension, la potentialité d'un être ; lequel, sous l'empire de la force inverse, va passer en acte, s'organiser, grandir, etc. A l'action succède en effet la réaction : c'est le tour de l'agent expansif, qui suscite l'être à son plein développement, pousse à la croissance du dedans au dehors, et favorise ainsi la bâtisse progressive d'un corps matériel, qui s'édifiera sur le patron du corps astral, et selon l'estampille individuelle imprimée à celui-ci par la faculté plastique, efficiente de l'être en voie d'incarnation.

Cependant, la force compressive, centripète, s'exerce toujours du dehors au dedans après avoir participé à la création de l'être matériel ([28]), en compactant la substance éthérée, — il faut maintenant que cette même Force accable son ouvrage, et agisse sur lui à l'instar d'un ferment dissolutif. Le dynamisme convergent d'*Hereb* n'a pas varié ; mais il produit des effets inverses, selon qu'il opère sur la substance non encore condensée, ou sur la matière physique : dans le premier cas, l'action est créatrice ; elle est plus ou moins promptement destructive dans le second cas.

Rien n'est plus mystérieux, quand on y songe, que cette propriété inhérente au Temps, de tout modifier, altérer et dissoudre, d'une sorte lente, parfois insensible, mais inéluctable et sans remède. Pourquoi cette fatale décadence des choses, cette usure progressive des formes matérielles ? Pourquoi (précurseur d'une totale dissolution), ce déclin qu'inflige le vieux Saturne à tous les êtres qui peuplent l'Étendue ? Enfin, pourquoi la vieillesse et la Mort, inversement complémentaires de la Naissance et de la Jeunesse ? — C'est la réplique d'*Hereb* au verbe universel d'*Iônah*.

Que la substance expansive, vivante, soit liée au principe de l'Espace, l'esprit humain le conçoit sans peine ; mais il se persuade moins aisément de l'affinité secrète qui rattache au principe du Temps, l'insaisissable facteur de la décrépitude et de la mort.

Le Temps lui-même est fort difficile à saisir dans sa nature, comme à représenter par une image sensible : « comment pourrait-il affecter nos organes corporels, puisque passé, il n'est plus ; que futur, il n'est pas ; que présent, il est renfermé dans un instant indivisible ? Le Temps est une énigme indéchiffrable pour quiconque se renferme dans le cercle des sensations, et cependant les sensations seules lui donnent une existence relative. Si elles n'existaient pas, que serait-il ?

---

[28] Et, par conséquent, collaboré avec *Iônah*.

— Ce qu'il est : une mesure de la vie. Changez la vie, et vous changerez le Temps. Donnez un autre mouvement à la matière et vous aurez un autre Espace [29].

Ainsi donc, comme Fabre d'Olivet le donne à entendre avec sa profondeur accoutumée, le Temps procède de la Vie en fermentation, comme l'Espace, de la Matière en travail. — Traduisons en hiérogrammes mosaïques : *Kaïn* s'apparie à *Nephesh-ha-Chaïah*, comme Abel à Hetz [30].

On peut voir, dans le principe du Temps, la règle de succession cosmique des formes éphémères, où viennent s'élaborer les âmes en voie de rédemption, — ou d'évolution, car c'est tout un.

Plus la vitalité des êtres s'affirme intense, plus il semble que le Temps ait de prise sur elle, pour la tarir, en altérant, puis en ruinant les organismes qui constituent les foyers de son élaboration. — L'action corrosive du Temps, très lente sur les minéraux, dont l'âme de vie est à peine éveillée, se fait sentir davantage sur les exemplaires végétaux ; cette action, plus intense encore sur la moyenne des êtres du règne animal, devient foudroyante pour tels d'entre eux.

Et cependant, les âmes de vie distribuées à tous les êtres n'en sont pas moins les éléments de conservation temporaire des organismes où elles s'incarnent.

Il semble que ce soit là une contradiction, mais elle n'existe que dans les termes.

Nous savons qu'en tout être organisé, il y a plusieurs vies : depuis la vie universelle, à quoi l'individu se rattache par l'intermédiaire de l'Espèce, jusqu'à la vie (réfractée) des cellules constitutives de son corps [31]. Ces extrêmes, qui touchent à l'absolu de l'unité d'une part, à l'infini de la divisibilité de l'autre, n'appartiennent point en propre à l'individu : dans l'intervalle se place logiquement sa vie personnelle, — synthétique par rapport aux vitalités cellulaires, mais subdivisionnelle par rapport à la vie collective des êtres. Cette vie moyenne, la sienne propre, la vie de son âme est triple et quadruple, comme cette Psyché même.

Supposons-la intégralement développée, chez l'homme parfait, par exemple ; elle se manifestera sous trois modifications : intellectuelle, passionnelle, instinctive. La vie passionnelle médiane d'un individu constitue en effet le foyer central de son existence proprement dite. Par sa vie intellectuelle supérieure, cet individu confine à la vie collective de l'espèce ; par sa vie instinctive, inférieure (vie du corps astral), il maîtrise les vitalités subdivisées des cellules de son corps physique. Une quatrième vie, qui a sa racine dans le foyer central de l'âme, la

---

[29] Fabre d'Olivet, *Langue hébr. restit.*, tome I, pages 114-115.
[30] Identique au *Hioulé* rabbinique, et à l'*Hylê* des Grecs.
[31] Et jusqu'à la vie chimique des atomes dont les cellules sont formées.

vie volitive, englobe enfin les trois modifications susdites, pour les ramener à l'unité.

D'ailleurs, la vitalité cellulaire n'est point elle-même le dernier terme de la subdivision, pas plus que la vie collective de l'espèce ne constitue le dernier terme de l'intégration : cette vie collective aboutit à la vie universelle, intégrale ; et pareillement, au-dessous de la vitalité des cellules, se place la vie atomique, dont témoignent les affinités chimiques des atomes.

Cela posé, l'apparente contradiction ci-dessus se résout d'elle-même. Nous avons dit que — règle générale — le Temps exerce ses ravages en raison directe de l'activité vitale des êtres, et qu'on doit nonobstant considérer les âmes de vie, comme les *palladia* d'éphémère conservation des corps. Mais nous désignons alors par âme de vie la Psyché elle-même, la substance propre de l'être individuel ; et par vitalité, la synthèse de ces énergies biologiques réfractées, qui sont comme les âmes des cellules.

Hé bien, la force hérébique du Temps fomente la vie chimique des atomes, — et ce, en tendant à relâcher, puis à dissoudre le lien sympathique qui tient groupées, suivant une loi de hiérarchie unitaire, les vitalités innombrables et infimes des cellules constitutives de l'organisme. Voici comme.

Le lien sympathique mentionné n'est autre que le Corps astral. Sa rupture occasionne la libération de la Psyché, autrement dit — la Mort, dont la prime conséquence est l'anarchie déchaînée parmi les vitalités moléculaires. Mais ces vitalités de cellules, n'étant que le produit d'une réfraction de la vie générale individuelle, ne tardent guère à s'éteindre, à l'instar de cette dernière : rien ne maîtrise plus, dès lors, ce que nous avons appelé la vie chimique des atomes ; bref, le jeu des affinités, (qu'asservissait ou, pour mieux dire, que réglait naguère le principe agrégatif des vies), s'exerce enfin sans nulle contrainte : d'où la décomposition organique, que certaines Larves ([32]) fluidiques viennent activer encore, en y développant des ferments spéciaux de putréfaction…

Toutes ces ruines se réfèrent au mystérieux *Aôb* de la primitive Kabbale ; elles jonchent le domaine de la lumière négative, laquelle reçoit son impulsion d'*Hereb*, le principe universel constrictif (*l'astringence* de Jacob Bœhme). Aussi les adeptes de certaine école désignaient-ils *Hereb* sous cette mystique dénomination : c'est le bras de *Mouth* (le bras de la mort) ; c'est l'agent du retour à l'unité.

---

[32] Le mot *Larve* s'emploie souvent en magie comme synonyme de *Lémure*, c'est-à-dire dans un sens plus large que celui de notre définition. — C'est ici le cas. Cf. *la Mort et ses Arcanes*.

Quant la lumière positive, Aôd, nous l'avons vue gouvernée par le principe expansif de l'universelle vivification, *Iônah* (*l'amertume* de J. Bœhme).

Enfin, ces actions opposées se balancent et se tempèrent l'une par l'autre, dans les effluves de la lumière astrale équilibrée, *Aôr*.

L'*Aôr* génère intarissablement les formes matérielles, qui naissent, prennent leur développement, puis déclinent, passent et se succèdent, grâce au concours des deux Puissances hostiles, dont l'éternel conflit a la fécondité d'un embrassement d'amour.

Cette mutualité (créatrice et destructive tout ensemble) apparaît réglée par l'empire qu'exerce sur l'Aôr certain agent occulte, *Nahàsh*, qui est le principe même de la *divisibilité* indéfinie et de *l'égo-isme* à outrance : attributions qui semblent s'exclure, et s'unifient néanmoins en lui. Cet agent n'est pas moins que le Diable, au sentiment de plusieurs mystiques.

En tout être qui s'incarne ici-bas, il fomente un Moi terrestre, inférieur, passager, exclusif et ambitieux de s'étendre aux dépens d'autrui. Pareillement, il dote d'une tendance féroce à l'autonomie (nous allions dire qu'il revêt d'un simulacre de Moi) chacune des cellules constitutives de tout corps organisé, chacun des atomes groupés pour former ces cellules. D'où, un résultat que nous avons signalé plus haut : tant que le corps astral, ou frein agrégatif des vies, déploie la puissance de maîtriser toutes ces vitalités fragmentaires, non seulement elles restent soumises ; bien plus, elles concourent harmonieusement à l'existence commune. Mais que ce frein vienne à faiblir, et l'anarchie se déclare parmi ces infimes vitalités : la mort s'ensuit, et la décomposition commence. En un mot, l'Agent qui nous occupe multiplie sous toutes les formes et attise chez tous les êtres le sauvage instinct du *struggle for life*... Si le démon n'est pas un mythe, en vérité, voilà bien son signalement.

— « Crée encor pour détruire, et détruis pour créer, »

clame vers Dieu le Lucifer de Lord Byron. Lucifer se trompe d'adresse. Ce n'est point Dieu, c'est lui-même qu'il devrait interpeller ainsi, — lui-même, aveugle Démiurge du monde inférieur, despote de l'Astral, implacable de fatidique inconscience, et dont l'instinct seul vivace s'agite et se multiplie, indifférent au mal comme au bien.

Fauteur de toute division, n'est-il point cet Antéchrist virtuel, que le Fils de l'homme est venu combattre et terrasser ? Notre Seigneur Jésus-Christ le nomme positivement le *Prince de ce monde* : « Confidete ! Ego vici mundum !... Princeps hujus mundi ejicietur foras ! »

Nos Lecteurs savent déjà son vrai nom : *Nahàsh*. C'est par de poétiques fictions qu'on l'a personnifié sous les appellations de Satan, de Lucifer, du Diable, etc.

Il n'est point une personne distincte, mais une Puissance impersonnelle ; au contraire, un agent occulte de la création. Il domine d'en bas sur l'*Aôr*, de même qu'*Iônah* et qu'*Hereb*, ses termes de polarisation ([33]) (relatifs aux flux et reflux de *Nephesch-ha-chaïah*, l'âme universelle vivante) dominent de droite et de gauche sur *Aôd* et *Aôb*, les courants de lumière positive et négative.

Nahàsh, dragon-sphinx, proposant l'énigme de son inqualifiable essence aux Œdipe du mysticisme, offre à leur sagacité un sujet de constante méditation. Son origine se réfère aux plus vertigineux arcanes de la Nature et de la Vie. Faire la lumière intégrale sur *Nahàsh*, équivaudrait à résoudre le problème du mal.

Un théosophe allemand a eu l'audace d'affronter le monstre dans sa caverne originelle. Jacob Bœhme a perscruté la « racine ténébreuse » des choses ; il en a décrit le pivot, qui est *Nahàsh*. Mais Bœhme ne le connaît pas sous ce nom : il l'appelle le *vortex* ou le *tourbillon d'angoisse*, et en fait la troisième propriété de son abîme virtuel. Les deux premières propriétés ennemies dont l'étreinte réciproque engendre la troisième, sont les potentialités compressive et dilatante ([34]), où l'on ne peut se défendre de voir les principes radicaux d'*Hereb* et d'*Iônah*. Ces trois vertus combinées ([35]) concourent à un ensemble que Bœhme qualifie de *racine ténébreuse* de l'Être, antérieure à toute manifestation d'icelui : c'est la matrice occulte de l'éternelle Nature ([36]), tourmentée d'une appétence à générer la vie, appétence qu'il définit l'*Attract originel*. Singulière rencontre ! Ce sont les propres termes que choisira Fabre d'Olivet, pour traduire l'hiérogramme hébreu… Mais elle se tordrait à jamais stérile, cette angoisse magique du possible qui voudrait être, elle s'épuiserait en efforts impuissants, si Dieu n'y dardait un rayon de sa lumière invisible : le *Roûach Elohîm* de la Genèse. Sous l'influx divin, la roue d'angoisse s'allume ([37]), et le désir devient plaisir : de là s'engendre le *feu-principe* ou *médium universel* du théosophe allemand.

Nous empruntons en passant ces quelques traits fragmentaires au système de

---

[33] L'on ne saurait s'étonner qu'à défaut d'un vocabulaire adéquat et lorsque nous traitons un sujet *inouï* (au sens radical de ce terme), nous soyons contraint quelques *à peu près* d'expression.

[34] L'*astringence* et l'*amertume*, selon la terminologie étrange que lui a fidèlement conservée son traducteur français, le marquis de Saint-Martin, mais le théosophe d'Amboise est loin d'avoir toujours compris Son « divin Bœhme ».

[35] « Les trois propriétés du Désir » (Bœhme).

[36] « L'enfer est la matrice du Macrocosme » (Paracelse).

[37] *Élémentisation lumineuse*.

Bœhme, parce qu'ils offrent, avec l'objet de ce chapitre, des rapports frappants et d'intérêt majeur. Cependant, s'il y a correspondance analogique, il n'y a point identité. On fera bien d'y prendre garde. Le *feu-principe*, notamment, n'est pas la lumière astrale, cosmique; mais sa source universelle, céleste [38]...

Retenons seulement que le principe originel de *Nahàsh* tient au mystère de toute génération ontologique, — et que, dans les profondeurs du limbe potentiel, Nahàsh est encore le point de soudure entre l'Homme et le Cosmos, à naître tous deux.

Au demeurant, c'est surtout Moïse qu'il faut interroger, touchant *Nahàsh*. Le théocrate d'Israël n'est point seulement l'éditeur (l'auteur peut-être) de cet hiérogramme; historien, par surcroît, de l'Être ambigu qu'il nomme ainsi, Moïse a tracé une page décisive de sa légende ésotérique, au troisième chapitre du *Berœshith*.

Il désigne sous cette appellation, l'Agent primordial de la chute, le Tentateur édénal; — sous ce même nom, les Bibles vulgaires désignent «un serpent, subtil animal des champs [39]», et le scoliaste agnostique ajoute en marge: *c'est-à-dire le Démon, déguisé sous cette apparence.*

«*Nahàsh*, écrit Fabre d'Olivet, caractérise proprement ce sentiment intérieur et profond qui attache l'être à sa propre existence individuelle, et qui lui fait ardemment désirer de la conserver et de l'étendre. Ce nom, que j'ai rendu par celui d'attract original, a été malheureusement traduit dans la version des hellénistes par celui de serpent; mais jamais il n'a eu ce sens, même dans le langage le plus vulgaire. L'hébreu a deux ou trois mots, entièrement différents de celui-là, pour désigner un serpent. *Nahàsh* est plutôt, si je puis m'exprimer ainsi, cet égoïsme radical qui porte l'être à se faire centre et à tout rapporter à lui. Moïse dit que ce sentiment était la passion entraînante de l'animalité élémentaire, le ressort secret ou le levain que Dieu avait donné à la nature. Il est très remarquable que le nom employé ici par l'écrivain hiérographe pour exprimer cette passion, ce ressort ou ce levain, est *Harym*, le même que Zoroastre, parmi les Perses, avait employé

---

[38] Ainsi du reste. — Le grand mystique traite des principes de la céleste Nature, conçue antérieurement à la déchéance. Ce décor éternel une fois posé, Bœhme passe seulement aux drames de la chute des anges et du péché originel. — En ce tome, au contraire, nous acceptons la chute comme un fait accompli: nous traitons de la Nature déchue, sans chercher ce qu'elle pouvait être avant la catastrophe.

[39] Les modernes traducteurs, qui n'y voient point malice, suivent la remorque de saint Jérôme mystifié et des Septante mystificateurs.Chacun peut se reporter à l'Introduction générale du *Serpent de la Genèse* (tome I, page 20-21), où nous avons transcrit le texte hébreu du verset en litige, avec les deux traductions, —exotérique et ésotérique— en regard.

pour désigner le Génie du Mal… Ainsi, d'après l'esprit du Sepher et la vraie doctrine de Moyse, *Nahàsh Harym* ne serait pas un être distinct, indépendant, …mais bien un mobile central donné à la matière, un ressort caché, un levain agissant dans la profondité des choses, que Dieu avait placé dans la nature corporelle pour en élaborer les éléments ([40]). »

C'est de ce levain, inséparable pour nous du fluide universel qui constitue sa base de manifestation, — c'est de ce levain que parle Quantius Aucler, l'hiérophante païen de la *Thréïcie*, dans une page étonnante, où il effleure le grand problème de la biologie sidérale.

«Vous avez des idées bien grossières : vous pensez que ces globes lumineux, qui gardent toujours leurs places dans un fluide qui ne peut les soutenir ; qui, dans des oppositions et divers aspects, ont des marches toujours régulières, ont été placés sur vos têtes pour amuser vos yeux et les calculs de vos astronomes ! Il n'y a dans la nature que des corps morts ou vivants ; tout ce qui est mort n'est pas vivant ; tout ce qui est vivant n'est pas mort.

«Il y a un ferment qui est l'esprit ([41]) qui joint l'âme au monde : son action est continuelle ; il change tout, c'est le grand Protée ; il dissout les êtres morts, et il les prépare, en les dissolvant, à être le lieu où de nouveaux êtres, d'une manière que vous ne pouvez pas même maintenant soupçonner, viennent du *grand abîme de la Nuit* pour se corporifier. Si vous savez interpréter l'Hymne à la nuit d'Orphée, vous aurez un des premiers points de la Doctrine : vous saurez comment tout se forme, vous pourrez voir vos yeux sans miroir, et ébranler les cornes du taureau.

«Ce ferment n'agit pas sur les corps vivants ([42]), parce que l'Animus qui les informe, les maintient, est plus fort que le ferment qui tend à les dissoudre, étant d'une nature supérieure. Si le ferment pouvoit quelque chose sur les êtres, il les disposeroit à recevoir de nouveaux Animus, qui de l'abîme de la Nuit, viendroient se corporifier ; ainsi il les dissoudroit. Il faut donc qu'ils aient quelque chose en eux qui repousse les atteintes du ferment et qui soit supérieur à cet esprit ; il faut donc qu'ils aient en eux chacun un animus qui les informe, qui

---

[40] *Caïn*, p. 34-35, passim.
[41] *Esprit* est employé par Aucler dans le sens de *spiritueux*, et non pas de *spirituel*.
[42] Ceci n'est point tout à fait exact. Le ferment agit sur les corps vivants ; il les vieillit et tend à les dissoudre, mais à la longue… C'est ce que nous avons tâché de faire comprendre plus haut. Nous avons ajouté que cette immunité relative et temporaire était due à l'énergie réactive des âmes de vie.

maintient leur forme et qui repousse l'action du ferment : ainsi ils vivent donc. Si la terre n'étoit pas animée, le ferment aussi la dissoudroit, et la disposeroit à recevoir de nouveaux êtres qui rongeroient les récoltes, tourmenteroient les espèces primitives, leur nuiroient, les détruiroient ; et elles ne seroient plus alors une simple altération, mais ne ressembleroient plus aux idées archétypes.

« Le propre du cadavre est de tomber ; c'est de là qu'il est appelé cadavre *a cadendo* ; le propre de l'être vivant est de se dresser et de se soutenir, parce qu'il a le principe de son mouvement et de sa vie en lui. C'est ainsi que je soutiens mon bras, que je dresse ma tête ! — Si les astres n'étoient que des cadavres, ils tomberoient ; c'est-à-dire qu'ils se rassembleroient dans un même lieu, selon les lois de la pesanteur [43]. »

L'opinion qu'exprime Aucler ne doit point surprendre, bien que le sentiment contraire ait prévalu. Elle est conforme à la doctrine secrète de tous les Sages de l'antiquité.

L'on enseignait partout dans les temples que l'Univers est animé. Sur ce point tombaient d'accord les deux Écoles rivales, — théosophique et naturaliste, — que divisait pourtant la question fondamentale de la Divinité. Soit que les penseurs ne reconnussent point de Cause première en dehors de la Nature productrice, immanente à l'Univers qu'Elle engendre éternellement ; soit qu'ils admissent l'existence indépendante d'un Être ineffable qui, principe de cette Nature, en demeure néanmoins distinct : le Macrocosme était pour eux un être vivant, dans son ensemble comme dans ses parties.

Tous les initiés du monde antique, — Hermès, Zoroastre, Pythagore, Platon, les Kabbalistes, les Alexandrins, etc., — pensaient ainsi. Mais n'allez pas en in-

---

[43] La *Thréïcie, ou la seule voie des Sciences divines et humaines*, par Quantius Aucler. — Paris, an VII de la République, in-8 (pages 228-230). Si cet ouvrage n'était écrit d'un style inculte, rocailleux jusqu'à devenir insupportable par endroits, il mériterait à coup sûr les honneurs de la réimpression, dont on se montre si étourdiment prodigue de nos jours d'autant plus qu'il est devenu fort rare. Le fragment que nous reproduisons là peut compter parmi les moins mal écrits ; encore avons-nous dû amender la ponctuation de l'hiérophante. Éliphas (*La Science des Esprits*, page 242) a eu le tort de ridiculiser Quantius Aucler. La *Thréïcie* constitue, telle quelle, un traité de paganisme occulte, tout à fait unique en son genre, et dont on ne saurait trop recommander la lecture aux amateurs de mysticisme. Ils y trouveront de piquants détails, et, qui mieux est, quelques vues infiniment précieuses et qu'ils seraient fort empêchés de découvrir nulle autre part. La doctrine ésotérique y est présentée sous une forme polythéiste, d'un archaïsme étrange et savoureux. L'ouvrage n'est pas moins singulier que remarquable et difficile à trouver en librairie. La *Thréïcie* était un des livres de chevet du noble poète des *Chimères*. On peut consulter la notice qu'il a consacrée à son auteur (*Les Illuminés*, par Gérard de Nerval, Paris, 1842, in-12, p. 318-354).

duire que Pythagore, par exemple, s'il revivait de nos jours, s'inscrirait en faux contre Newton, et le système de l'attraction universelle. De ce que les corps célestes s'attirent mutuellement, en raison directe des masses, et en raison inverse du carré des distances, il ne résulte pas qu'ils soient inanimés. Le mécanisme invariable de leur gravitation n'implique rien contre l'hypothèse en litige. Vie et Liberté ne sont point synonymes. — Ce chêne, de l'aveu de tous, est vivant : mais sa croissance n'en est pas moins soumise à des lois fixes ; il se revêt de son feuillage et s'en dépouille, selon les alternatives des saisons. — Cet homme est vivant : mais une loi indépendante de sa volonté n'en règle pas moins chez lui la circulation du sang ; il n'est point libre d'arrêter les battements de son cœur… Les Maîtres de l'antique Sagesse contesteraient d'autant moins le mécanisme de la gravitation universelle, que *nécessairement* ils furent amenés à en construire la théorie, par suite de la connaissance très certaine et très approfondie qu'ils avaient acquise, non seulement des forces centripète et centrifuge, mais encore, comme nous l'avons laissé entendre, des essences occultes dont ces forces ne sont que la résultante sur le plan physique.

Que si notre assertion semblait téméraire, et qu'on supposât les anciens théosophes trop arriérés en cosmologie pour se pouvoir élever à de pareilles notions, il nous serait facile de prouver aux incrédules, que la doctrine secrète des temples comportait les théories le plus en faveur aujourd'hui, — théories dont la science se fait gloire comme de récentes conquêtes, et que ses Aristarques ont enregistrées depuis deux ou trois siècles à peine, après les avoir revêtues de leur haute sanction. Les Pythagoriciens n'enseignaient-ils pas ouvertement, au grand scandale des profanes, que la Terre gravite autour du Soleil ? Aristote nous en est garant. Ne lit-on point dans le Zohar «que la Terre tourne sur elle-même en forme de cercle ; que les uns sont en haut, les autres en bas ;… qu'il y a telle contrée de la terre qui est éclairée, tandis que les autres sont dans les ténèbres ; que ceux-ci ont le jour quand pour ceux-là il fait nuit ; et qu'il y a des pays où il fait constamment jour, où du moins la nuit ne dure que quelques instants [44] ? »

Voilà cinq lignes qui, connues ou ignorées de Copernic, réduisent à peu de chose son mérite d'inventeur. Du reste, les témoignages que nous avons produits sont loin d'être des faits isolés. Le système anticipé de Copernic se trahit sous la plume d'un grand nombre d'auteurs grecs ou latins, initiés à la tradition ésotérique. C'est au point qu'on a lieu d'être surpris, avec Dutens, «qu'un système si clairement enseigné par les anciens, ait pris son nom d'un philosophe moderne. Pythagore, Philolaüs, Nicétas de Syracuse, Platon, Aristarque et plusieurs

---

[44] *Le Zohar*, cité par Adolphe Franck, *La Kabbale*, 1843, in-8, p. 102.

autres parmi les anciens, ont, en mille endroits, parlé de cette opinion : Diogène Laërce, Plutarque et Stobbée nous ont transmis avec précision leurs idées là-dessus ; et si on ne l'a pas admis plus tôt, cela ne doit s'attribuer qu'à la force du préjugé[45]... »

Ces choses notifiées pour mémoire, nous n'insisterons pas davantage sur l'identité des théories astronomiques anciennes et modernes. Le présent chapitre fait connaître les principes de *l'équilibre magique*, dont nous décrivons l'Agent. L'équilibre matériel des mondes n'en est qu'une conséquence, facile à déduire au même titre que plusieurs autres ; une adaptation secondaire sur le plan objectif.

En insistant sur les influences peu connues qui s'opposent, se croisent et se marient dans les ondes fluidiques de l'Astral ; en précisant plusieurs notions assez neuves, sinon insoupçonnées, sur la genèse des divers courants qui s'y forment et sur les Agents occultes dont ils procèdent, — nous estimons avoir été plus intéressant et plus utile que si, prodigue de développements descriptifs, nous eussions ressassé ce que d'autres ont déjà dit, et très bien dit.

Éliphas Lévi est particulièrement à consulter, au sujet de l'équilibre des mondes, que nous n'avons fait qu'effleurer. Nous emprunterons seulement à ce magiste une page remarquable, interprétative de la *Table d'Émeraude* : il y décrit la Lumière universelle, au point de vue spécial à notre planète

« L'âme de la terre, dit-il, est un regard permanent du soleil, que la terre conçoit et garde par imprégnation.

» La lune concourt à cette imprégnation de la terre, en repoussant vers elle une image solaire pendant la nuit, en sorte qu'Hermès a eu raison de dire, en parlant du grand agent : le Soleil est son père, la Lune est sa mère. Puis il ajoute : le vent l'a porté dans son ventre, parce que l'atmosphère est le récipient et comme le creuset des rayons solaires, au moyen desquels se forme cette image vivante du soleil, qui pénètre la terre tout entière, la vivifie, la féconde et détermine tout ce qui se produit à sa surface par ses effluves et ses courants continuels, analogues à ceux du soleil lui-même.

» Cet agent solaire est vivant par deux forces contraires : une force d'attraction et une force de projection, ce qui fait dire à Hermès que toujours il remonte et redescend.

» La force d'attraction se fixe toujours au centre des corps, et la force de projection dans leurs contours ou à leur surface.

---

[45] Dutens, *Origine des découvertes attribuées aux modernes*, Paris, 1776, 2 vol. in-8 (t. I, p. 205-206).

» C'est par cette double force que tout a été créé et que tout subsiste.

» Son mouvement est un enroulement et un déroulement successifs et indéfinis, ou plutôt simultanés et perpétuels, par spirales de mouvements contraires qui ne se rencontrent jamais.

» C'est le même mouvement que celui du Soleil, qui attire et repousse en même temps tous les astres de son système.

» Connaître le mouvement de ce soleil terrestre, de manière à pouvoir profiter de ses courants et les diriger, c'est avoir accompli le Grand Œuvre, et c'est être maître du monde [46]. »

Nous l'avons dit ailleurs : ce qu'Éliphas Lévi appelle *courant de projection* (actif), c'est l'*Aôd* ou le Soufre-principe des alchimistes ; *courant d'attraction* (passif), c'est l'*Aôb* ou Mercure-principe des alchimistes. Enfin, ce qu'il nomme *mouvement équilibré*, c'est l'*Aôr* ou l'*Azoth* des Sages : c'est le foyer de la quintessence, où réside la force de leur dissolvant universel.

Aôd, Aôb, Aôr : positif (+) négatif (—), intégral (∞). — Sommes-nous curieux de voir quel sens Fabre d'Olivet, dans son vocabulaire radical, assigne à ces trois racines hébraïques ?

Consultons-le ; sa réponse semblera peut-être énigmatique et déconcertante, à l'abord. Mais qu'on y veuille bien réfléchir, premier que de se croire déçu, car nous protestons ici, qu'à la faveur des trois lignes qu'on va lire, studieusement rapprochées de nos explications sur les Puissances motrices de l'Astral (savoir *Hereb*, *Iônah* et *Nahàsh*), il deviendra loisible aux amateurs de théosophie d'entrevoir l'essence même de l'*Anima mundi*, et de surprendre, non point seulement le *quomodo*, mais le *quia* de l'Équilibre universel

« *Le Désir, agissant à l'intérieur.*
« *Le Désir, agissant à l'extérieur.*
. . . .
« *Le Désir, livré à son mouvement propre*, produisant l'ardeur, tout ce qui enflamme, ce qui brûle, etc. [47].

Sans commenter outre mesure un texte dont il conviendrait que chacun saisit

---

[46] *Dogme et Rituel de la Haute-Magie*, t. I, p. 152-153.
[47] *La Langue hébraïque restituée*, t. 1, p. 8 du Vocabulaire radical. — Rappelons-nous que Bœhme appelle les trois formes de son Abîme potentiel « les trois propriétés du Désir », et que la *Racine ténébreuse* des choses, que nous avons qualifiée de *pile physiogénique*, est formée de ces trois éléments.

par soi-même et appréciât toute la portée, quelques observations n'en seront pas moins de mise, qui aideront à y parvenir…

Le théosophe Jacob Bœhme, cet explorateur enfiévré des suprêmes arcanes, nous dénonce le Désir comme la racine première de tout être, et de la Nature productrice elle-même.

Le Désir est plus spécialement la Puissance magique d'évocation aux mirages de l'existence objective, sensible. Il s'affirme créateur comme la Volonté, dont il n'est peut-être qu'une forme obscure, rudimentaire ou dégradée [48].

Il se diversifie d'ailleurs, selon les milieux où il se développe. Simple conséquence de la chute et répercussion de la chair sur l'âme, quand il fermente au cœur humain, — le Désir prend un autre caractère chez tous les êtres qui vivent de la vie céleste : il témoigne d'un acquiescement de la sensibilité aux suggestions tacites de *Nahàsh*.

Dans le monde des âmes, il incite les monades à déchoir, et les fait rouler sur la pente de l'incarnation ; au royaume de la vie et de la mort physiques, il pousse les incarnés à perpétuer leur race :

Efficit ut cupidè generatim saecla propagent.

Le Désir apparaît donc à la base de toute manifestation objective. Le Feu secret constitue le lien, l'instrument médiateur entre le Désir et l'objet désiré ; enfin la matière marque le terme, la limite, l'aboutissement infime du Désir réalisé.

La Forme spirituelle, que le Désir a fait descendre du Ciel empyrée, se fixe un instant dans la matière qu'elle pétrit à son image ; puis, ses potentialités taries, la Forme fait retour à l'occulte, par l'entremise de ce même Feu secret, qui avait servi naguère à la manifester. La terrestre dépouille de la Forme spirituelle envolée en garde la fugitive empreinte : c'est la signature, ici-bas, d'une Énergie réintégrée à sa source d'en haut. Mais la signature va s'effacer graduellement, l'empreinte disparaître, sous l'action du ferment universel, c'est-à-dire encore et toujours du Feu secret !

L'on serait fort en peine de rien expliquer de la nature ni de l'origine du Cosmos, sans recourir à la connaissance de cette mystérieuse Lumière, invisible aux

---

[48] Imaginons la Volonté qui s'éveille, inconsciente et despotique, aux limbes des vies instinctive et passionnelle ; la Volonté aveugle, acoquinée aux séductions de la vie physique, — le Désir semble-t-il autre chose ?

yeux charnels ; car c'est d'elle que tout est sorti, et rien ne subsiste encore que par elle.

Indépendamment des matérialisations objectives dont l'ensemble constitue l'univers physique, la lumière astrale se spécialise encore et se fixe partiellement, selon les milieux : elle forme ainsi le corps sidéral, et par suite le nimbe de tous les êtres qu'elle baigne de ses ondes.

Ainsi chaque astre est enveloppé d'une atmosphère hyperphysique appropriée à sa nature : c'est son âme vitale et inférieure, ou son corps arômal et supérieur. Cette atmosphère, réserve viruelle et milieu nourricier, s'élabore et s'entretient elle-même, en aspirant et en expirant tour à tour la substance universelle, ou Lumière astrale non spécialisée, non fixée.

Il en est de même de tous les êtres, quels qu'ils soient ; tous ont leur corps astral ou médiateur plastique.

Le Lecteur pourra bientôt comprendre à quels troublants mystères la connaissance positive des corps sidéraux (et particulièrement du corps sidéral humain) peut servir de clef. Nous nous contenterons d'observer, en ce chapitre, qu'il n'est point de peuple sur la terre, dont les traditions mystiques se taisent sur ce point.

Si la Lumière astrale compte plusieurs centaines de noms, le corps fluidique peut lui faire concurrence sous ce rapport. La liste énumérative en serait fastidieuse ; nous y mettrons quelque discrétion, et nul ne songera peut-être à s'en plaindre.

L'idée même du *fantôme*, si universellement reçue des hommes à toutes les époques de l'histoire, traduit en mode exotérique l'occulte notion de cette réalité : *le corps astral.*

Qu'on l'appelle avec les brahmes *Linga Sharira*, *Nephesh* avec les Kabbalistes, *Eidôlon* avec l'école hellénique, *Houen* avec les magistes chinois, — c'est toujours ce *double* mystérieux, dont Psellus enseigne qu'il tient le milieu entre le corps physique et l'âme spirituelle. C'est l'*Angoëïdê* d'Origène et le *Simulacrum* des latins ([49]).

---

[49] Oswald Crollius, élève de Paracelse, énumère quelques autres noms, coutumièrement attribués au corps astral par les adeptes de son École. Après avoir parlé du corps physique, dans l'introduction de la *Royalle Chymie*, le célèbre Docteur poursuit en ces termes : « ... Quant à l'autre partie de l'homme, c'est-à-dire le *corps syderique*, appelé le *Génie* de l'homme, d'autant qu'il tire son origine du firmament, les latins l'appellent encore *Penates*, à cause de la proximité qu'il a de nous et vient encor au monde avec nous, *Ombre visible*, *Esprit domestique*, *Homme ombrageux*, *petit homme familier des*

Virgile en fait mention plus d'une fois ; il le montre survivant au cadavre de chair :

« *Et nunc magna mei sub terras ibit imago…* » [50]

Saint Paul écrit hardiment : — « *S'il y a un corps animal, il y a aussi un corps spirituel* [51]. »

Les âmes, dit Saint Hilaire, qu'elles soient ou non incarnées, possèdent en outre une substance corporelle inhérente à leur nature [52]. »

On pourrait multiplier les citations, mais il n'importe…

Le corps astral, — qui n'est autre que le Périsprit des Kardécistes, — double exactement le corps physique, dont il se peut séparer sous certaines conditions.

Philosophes, Démon ou *bon Génie, Adech interne* de Paracelse, *Spectre-lumière de nature, Euestre-prophetique en l'homme.* Outre ces noms, il s'appelle encore *Imagination*, qui enclost tous les astres dans soy… L'imagination est comme la porte, la fontaine et le commencement de toutes les operations magiques et sans le detriment ou diminution de l'Esprit astral ou syderique, elle a la puissance de produire et engendrer des corps visibles ; voire (ce qui surpasse l'entendement humain), soit qu'elle soit presente ou absente, elle peut mettre au iour toutes les plus admirables operations… L'imagination de l'homme est un vray Aymant, lequel a puissance de tirer à soy de cent lieues… D'où le sage ou vray magicien peut attirer l'operation des astres, et la ioindre aux pierres, images et metaux, lesquels par apres ont le mesme pouuoir que les astres… tout ce que nous voyons au grand monde peut estre produict par le moyen de l'Imagination d'où s'ensuit que toutes les plantes, metaux, et tout ce qui a les vertus crescitiues, peut estre produict par l'imagination ou la vraye *Gabalie* ; et cecy est la partie de magie appelée Gabalistique, appuyee sur ces trois colomnes suiuantes : premierement, aux vrayes prières, faictes en esprit de Verité, où se faict vnion de l'esprit créé auec Dieu… Secondement, par la foy naturelle ou sapience ingeneree ;… tiercement par la forte exaltation de l'imagination, les forces de laquelle sont manifestement demonstrees tant par le baston de Iacob, duquel Moyse faict mention, que par les marques imprimees aux enfans dans le ventre maternel donc l'imagination ou fantaisie en l'homme est semblable à l'Aymant… » (*La Royalle Chymie de Crollius*, traduite en français par I. Marcel de Boulene (Lyon, 1624, in-8). Préface admonitoire, p. 74-76 et 80-81, passim). Ces lignes surprenantes de Crollius donnent, par anticipation, un aperçu des magiques merveilles qui peuvent s'accomplir à la faveur du corps astral, évertué *ad hoc*. L'auteur de la *Basilica Chymica* était profondément versé dans les arcanes de la Science.

[50] *Enéide*, livre IV, v. 654.

[51] *Corinth.*, XV, 44. — Peut-être saint Paul fait-il allusion, non point au Corps astral proprement dit (expression terrestre de la faculté plastique de l'âme), mais bien au *Corps glorieux* (son expression céleste).

[52] *In Matth.*, V, 8. — Même remarque qu'à la note précédente.

Distinct de *l'énergie vitale passive* qui réside dans le globule sanguin (53) et qui entretient la subsistance des cellules, le périsprit a pour siège le système cérébro-spinal et le grand sympathique : toute fibre nerveuse, si minime soit-elle, sert de véhicule à sa force élastique, invisiblement diffuse en toutes les parties du corps visible.

Cette substance insaisissable se répare et se renouvelle par un phénomène en tout point analogue à celui de la respiration pulmonaire. Mais le produit de l'expir fluidique forme, autour du corps astral, une sorte de halo d'éther spécialisé, atmosphère individuelle de pureté ou de corruption, de vertu ou de vice, dans laquelle vivent et se meuvent les êtres potentiels générés par la volonté ou par les passions.

Chez l'homme et les animaux, même chez les plantes, le *nimbe* est très distinct du corps astral, auquel il sert d'enveloppe, de vêtement fluidique. Dans le règne minéral, au contraire, les deux termes se confondent en quelque sorte ; du moins la ligne de démarcation semble-t-elle vague et malaisée à définir.

Il en est de même pour la vie des astres : le corps fluidique et le nimbe y paraissent intimement combinés, comme ailleurs il sera dit.

Mais le présent chapitre doit se limiter à l'examen de l'Équilibre et de son Agent, c'est-à-dire à l'étude de la Lumière astrale, envisagée dans l'antagonisme de ses principes moteurs et dans la synthèse de ses mouvements. C'est ce que nous avons tâché de mettre au jour, en insistant sur les ressorts trop ignorés qui commandent le dynamisme universel. Que si nous avons pu paraître obscur, on daignera nous excuser en faveur de l'aventureuse audace qu'il y avait, peut-être, à scruter l'essence même des Puissances cosmogéniques, au lieu de nous en tenir à la description, souvent produite et reproduite, du monde astral, soupçonné d'après l'étude de ses phénoménales manifestations, — reflets fugaces qu'il jette sur notre monde matériel.

Dans tous les sanctuaires du vieux monde, la substance universelle, avec son double mouvement, a été représentée par le signe symbolique de Mercure ☿.

Nous sommes heureux d'offrir au Public, à ce propos, la primeur d'une note entièrement inédite, due à l'obligeance de l'éminent apôtre des *Missions*, le marquis de Saint-Yves d'Alveydre.

---

53 Voyez PAPUS, *Traité méthodique de Science occulte*, pages 182-186. Cette force vitale des cellules est le *Jiva* des hindous. Inséparable du corps, la vie durant, elle forme après la mort cette silhouette, vaguement phosphorescente parfois, qui se décompose très vite, après avoir erré quelque temps autour de la dépouille mortelle, dont elle ne s'éloigne jamais.

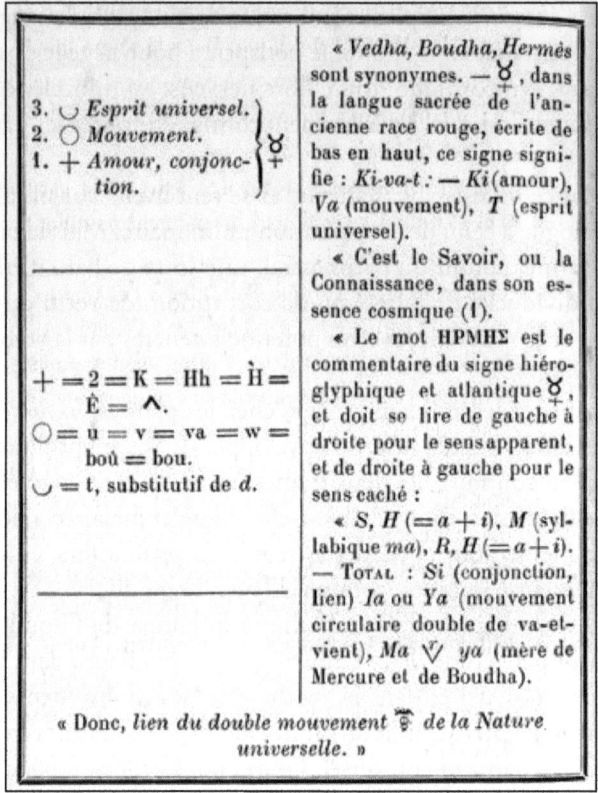

3. ‿ *Esprit universel.*
2. ○ *Mouvement.*
1. + *Amour, conjonction.*

$+ = 2 = K = Hh = \grave{H} = \grave{E} = \wedge.$

○ $= u = v = va = w =$ boû $=$ bou.

‿ $= t$, substitutif de d.

« *Vedha, Boudha, Hermès* sont synonymes. — ☿ , dans la langue sacrée de l'ancienne race rouge, écrite de bas en haut, ce signe signifie : *Ki-va-t :* — *Ki* (amour), *Va* (mouvement), *T* (esprit universel).

« C'est le Savoir, ou la Connaissance, dans son essence cosmique (1).

« Le mot ΗΡΜΗΣ est le commentaire du signe hiéroglyphique et atlantique ☿, et doit se lire de gauche à droite pour le sens apparent, et de droite à gauche pour le sens caché :

« S, H ($= a + i$), M (syllabique *ma*), R, H ($= a + i$). — Total : *Si* (conjonction, lien) *Ia* ou *Ya* (mouvement circulaire double de va-et-vient), *Ma* ☿ *ya* (mère de Mercure et de Boudha).

« Donc, *lien du double mouvement* ☿ *de la Nature universelle.* »

Il y a une note dans le tableau (⁵⁴)

Telle est l'explication donnée par M. de Saint-Yves.

L'hiéroglyphe mercuriel ☿ comporte une autre analyse, familière aux alchimistes. Il peut se décomposer en trois termes, comme suit :

1. Le signe du *Soleil* (☉), image du *Principe mâle*, spirituel et fécondateur de l'Univers vivant, d'une part ;

2. Et de l'autre, le signe de la Lune (☽), emblème de la *Faculté féminine*, réceptive et morphogénique ;

3. Ce principe et cette faculté sont nuptialement combinés à la faveur de la croix (+) représentation linghamique du *Thau Sacré* (T) qui symbolise

---

⁵⁴ Saint-Yves fait ici allusion à un ordre de concepts que nous ne pouvons, ni ne voulons aborder en ce volume.

lui-même tout *Agent de Synthèse*, de réciprocité, de mutuelle réaction : tout *lien* agglutinatif et cohobant.

Ce n'est pas tout : le pentacle ☿ souffre une troisième décomposition : n'y peut-on voir l'astérisme zodiacal du *taureau* (♉) dominant le *quaternaire des éléments* + ?

Rien n'est arbitraire en Kabbale hiéroglyphique le signe du *Taureau* marque en effet l'action, également répartie, des influences phébique et isiaque séparées ♉ [55].

— Faites dominer ce signe sur celui de la Croix (emblème binaire de la conjonction des deux lignes, verticale-active et horizontale-passive, — ou, si l'on préfère, emblème quaternaire des Éléments occultes, qui sont les fruits de cette conjonction même) : et vous aurez la représentation parfaite des vertus latentes du *Mercure des Sages* ou de l'*Anima mundi*.

Quelquefois, pour préciser certaines spécifications du Mercure des Sages, les alchimistes l'ont figuré par cet hiéroglyphe ☿, substituant au signe féminin du *Taureau* (symbole de l'humide radical) le signe mâle du *Bélier* ♈ ou ♈ (expressif du feu-principe).

Nous sommes entré dans ces détails, pour fournir un exemple frappant de l'inflexible logique déployée par les adeptes, dans la formation et l'emploi du

---

[55] Nous défendrons-nous du grief d'avoir, en cette phrase, placé le *Taureau* sous la dépendance du *Soleil* et de la *Lune* ? En d'autres termes, d'avoir soumis la synthèse zodiacale de plusieurs univers lointains, à l'influence d'une modeste étoile de troisième grandeur, et d'un infime Sous-satellite, l'un négligeable, l'autre parfaitement imperceptible dans l'immensité cosmique ? Le Lecteur voudra bien, du moins l'osons-nous croire, nous faire grâce d'un pareil soupçon de surprenante naïveté ! Les qualités positive et négative, irradiante et absorbante, mâle et femelle, se répartissent et se localisent dans les astres de toutes les régions du Cosmos ; elles s'équilibrent et s'opposent harmonieusement l'une à l'autre, selon des lois préfixes. Les astrologues tirent grand parti, pour leurs calculs, de ces contrastes bissexuels des corps célestes. Le Soleil et la Lune étant, à notre point de vue terrestre, les types locaux de ces deux vertus opposées, nous avons qualifié celles-ci de *phébique* et d'*isiaque*, — au même sens où Moïse, pour figurer cette gémination d'influences, et signifier le type de leur répartition, écrit au premier chapitre de la *Genèse*, v. 16e : « Et –il-fit, Lui-les-Dieux, cette duïté-de-clartés-extérieures, les-grandes : l'ipseïté-de-la-lumière-centrale, la-grande, pour-représenter-symboliquement-le-jour, et l'ipseïté-de-la-lumière-centrale, la-petite, pour-représenter-symboliquement-la-nuit... » (Version Fabre d'Olivet). — La Bible d'Osterwald traduit : Dieu donc fit deux grands luminaires, le plus grand pour dominer sur le jour, le moindre pour dominer sur la nuit. » Autant dire ; It) Soleil et la Lune. Était-ce bien là toute la pensée de Moïse ??

verbe hiéroglyphique. On a pu voir trois méthodes d'analyse, assez différentes, donner trois résultats absolument concordants.

«Cherchez, a dit le grand Maître, et vous trouverez : frappez, et il vous sera ouvert.»